Les P
j'adore !

Fanny Joly vit à Paris avec son mari et leurs 3 enfants. Elle écrit pour la télévision, le théâtre (notamment les sketches de sa sœur Sylvie Joly) et la jeunesse. Elle a publié plus de 100 livres, chez Actes Sud Junior, Bayard, Casterman, Flammarion, Hachette, J'ai Lu Jeunesse, Nathan, Pocket, Thierry Magnier... Elle a remporté de nombreux prix et ses livres sont souvent traduits. Chez Bayard, elle est l'auteur de plus de 20 titres pour tous les âges.

Du même auteur dans Bayard Poche :
Parfaite, la princesse ? (Les belles histoires)
La reine de la récré (Mes premiers J'aime lire)
La charabiole - La télé toquée - La ruse de Cunégonde - Le prince congelé - Série : *Drôles de contrôles - Drôle de colo - Drôle de cadeau* (J'aime lire)

Claude et Denise Millet ont fait leurs études aux Arts décoratifs de Paris. Depuis, ils dessinent pour la publicité, la presse et l'édition.

Dans Bayard Poche, Claude et Denise Millet ont illustré :
La rentrée des mamans - Rosalie, Sidonie et Mélanie - Ma maman a besoin de moi - Un petit loup de plus (Les belles histoires)
La charabiole - La marelle magique - Coup de théâtre à l'école - Les cent mensonges de Vincent - Invités à l'Élysée (J'aime lire)

Sixième édition

Dépôt légal : avril 2003
Loi du 16 juillet 1949 sur les publications destinées à la jeunesse.

Les Pâtacolors, j'adore !

Une histoire écrite par Fanny Joly
illustrée par Claude et Denise Millet

J'AIME LIRE
BAYARD POCHE

1
La passion de Pigeon

Mon nom ? Pigeon. Adrien Pigeon. Dans la vie, j'ai une passion : la publicité. Surtout celle qu'on voit à la télé. Aaah ! Ces voitures qui foncent dans les virages de montagne… alors que celle de Papa est toujours en panne. Aaah ! Ces grand-mères qui éclatent de santé en mangeant des yaourts bio… alors que la mienne pleurniche dès qu'elle est enrhumée. La vie est bien plus belle dans les publicités.

D'ailleurs, moi, je les connais toutes par cœur. Je chante les musiques, les paroles, je mime les gestes des acteurs, sans une erreur.

Dommage qu'en classe, on ne soit jamais interrogés sur la publicité. Si seulement, au lieu de me demander : « Pigeon ! En quelle année Louis XV est-il monté sur le trône ? », la maîtresse me demandait : « Pigeon ! Chantez-moi

la publicité des couches-culottes Féfessosec »... Mes notes seraient sûrement meilleures !

Mais comme il n'y a pas de raison que je me laisse démoraliser, j'ai organisé le concours des « Forts en pub ». Là, au moins, je suis imbattable.

Mon concours a lieu dans la cour. Tout le monde peut y participer. Il suffit de connaître une publicité bien à fond, et de la réciter devant tout le monde, sans se dégonfler.

Moi, je me poste sous le préau, j'annonce la catégorie, par exemple « Confiture » ou « Colle à dentier », et je mets des notes.

2
Le concours des nouilles

C'est justement pendant le concours des « Forts en pub », un lundi matin, que tout a commencé.

Quand j'ai annoncé : « Catégorie nouilles », il y a eu plein de cris de joie :

– Fastoche, Pigeon ! On les connaît toutes !

Ça ne m'a pas impressionné :

– Allez-y, allez-y : étonnez-moi...

Tout le monde s'est bousculé. Sidonie Cloud a commencé :

– Des pâtes, des pâtes, oui mais des Pastami !

Elle chante faux. Je lui ai mis 2 sur 10.

Arnaud Mercier a fait :

– Madame, voulez-vous échanger 2 kilos de pâtes Kilucru contre 3 kilos d'une autre marque ?

Il parle trop vite. Je lui ai mis 3 sur 10.

Basile Noclard a fait :

– Vive les pâtes Aladent, les seules avec des trous dedans, elles s'égouttent plus facilement !

Pas trop mal. Je lui ai mis la moyenne.

À ce moment-là, Juliette Lasemoule, qui se tortillait dans un coin, s'est exclamée :

– Eh bien moi, mon papa, il fabrique des nouilles bien plus formidables que tout ça. Et même, on va tourner un film pour faire la pub des nouilles de mon papa. Et ça passera à la télé, na !

– Gna, gna, gna, on s'en fiche pas mal ! ont répliqué tous les copains.

Il faut dire que Juliette Lasemoule énerve tout le monde, avec ses petites jupes bien plissées, ses grands cheveux bien peignés. En

plus, elle se partage les meilleures notes avec son petit amoureux, Paul Murfe, le plus grand trouillard de la classe.

Mais moi, ça m'intéressait drôlement, ce que Juliette venait de raconter.

À la cantine, je me suis assis en face d'elle pour essayer d'en savoir plus. J'ai appris plein de choses passionnantes : sa famille fabrique des nouilles depuis que les nouilles existent, et son père vient d'inventer des nouilles extraordinaires. Elles s'appellent Pâtacolors et elles sont de toutes les couleurs : rose, bleu, violet, jaune fluo.

– Dans la pub Pâtacolors, on verra une fille, eh bien c'est moi qui vais la faire !

– Tu vas jouer dans une pub pour de vrai ?

– Parfaitement ! Et même, il faut un garçon pour jouer avec moi...

J'ai fait un bond :

– Un garçon ! Un garçon de quel âge ?

– De mon âge, juste un peu plus grand.

J'ai crié :

– Hep ! Moi, je suis plus grand que toi !

Mais elle a susurré, avec des yeux de girafe amoureuse :

– L'agence de publicité de mon papa est en train de chercher ce garçon. Ce soir, ils font un casting* : ils voient plein de garçons pour choisir le bon. Alors moi, j'emmène Paul. Sûr, il va être choisi !

Quoi ? Paul Murfe ? Ce navet, ce blanc d'œil, cette méduse endormie qui vomit les jours de cuti** ? J'ai hurlé :

– Paul Murfe ! Mais pourquoi pas moi ?

Elle m'a regardé de haut en bas :

– Toi ? Bof...

* C'est un mot anglais. Cela veut dire chercher des acteurs pour un film.

** C'est une griffure que l'on fait sur le bras pour voir si un vaccin a pris.

3
Le camion

Puisque leur casting-machin-chouette est fait pour voir plein de garçons, j'ai décidé qu'on m'y verrait aussi, moi, Adrien Pigeon, le crack de la pub.

Quand Juliette Lasemoule et Paul Murfe sont sortis, à quatre heures et demie, je les ai suivis en me cachant de porche en porche. C'était loin. Au moins vingt minutes de marche. Vous croyez que Murfe aurait porté le cartable de Juliette ? Pensez-vous ! Un vrai mufle, ce Murfe !

Ils ont fini par arriver sous un panneau marqué : « Pâtes Lasemoule, un régal dans votre assiette depuis 1907 ». Dans la cour, il y avait un camion blanc. J'ai entendu Paul murmurer :

– On dirait un camion de prises de sang !

Ils ont disparu dedans. J'ai attendu, attendu. J'ai vu entrer et sortir plein de garçons. Des petits gros avec leur maman, des grands maigres avec leur grand-mère, des moches, des beaux, des tout fiers et des plutôt tremblotants.

Paul et Juliette sont sortis les derniers. La nuit commençait à tomber. J'ai vérifié qu'ils avaient passé le coin de la rue. Sur le marche-

pied du camion, une dame frisée est alors apparue.

J'ai pris mon petit air savant :

– Hep ! Vous faites un casting, ici ?

Elle a dit d'un air étonné :

– Tu sais ce que c'est, un casting ?

– Non... Mais je connais toutes les pubs par cœur, j'adore la pub, c'est ma passion !

Elle a souri :

– Remarque, si ça t'intéresse, je veux bien te faire faire un essai...

Je suis entré dans le camion. C'était beau ! Il

y avait une caméra, des écrans, des projecteurs. J'étais excité comme un fou :

– Qu'est-ce que je vous fais comme pub ?

La dame m'a répondu :

– Pour l'instant, tu t'assieds simplement en face de la caméra. Tu dis ton nom, ton âge et qui tu es.

Une lampe rouge s'est mise à clignoter. J'ai attaqué :

– Mon nom ? Pigeon. Adrien Pigeon. J'ai 9 ans. Je suis exactement le héros qu'il vous faut.

Vous pouvez m'interroger : je connais toutes les pubs par cœur. En plus, je sais faire bouger mes oreilles. Je mesure 1 mètre 35. Je fais du vélo sans les mains. Il faut absolument me choisir. C'est d'accord ? Vous me choisissez ?

Elle m'a coupé dans mon élan :

– Merci, merci, Adrien. Quand on aura choisi, on te téléphonera. Mais attention : il faudra que tes parents soient d'accord.

Mes parents ? Il ne manquerait plus que ça, qu'ils m'empêchent de faire carrière dans la pub à la télé !

4
Triomphe !

Le soir même, au dîner, j'ai tout raconté à mes parents. J'étais tellement sûr d'être choisi : il valait mieux les mettre au courant. Après, j'ai attendu le coup de fil de la dame du camion.

Mardi. Mercredi. Jeudi. Vendredi. J'ai commencé à trouver le temps long. Ce qui m'énervait, c'était ma sœur qui passait des heures au téléphone à ricaner avec ses copines. Dès qu'elle s'éternisait trop, au bout d'une minute ou deux, je lui faisais sonner mon réveil dans les oreilles :

– Raccroche ! Mais raccroche ! Tu bloques la ligne ! Je suis sûr qu'ils sont en train de m'appeler pour mon film !

La première fois, elle m'a regardé, éberluée :

– Ton film... Quel film ?

Elle avait déjà oublié ! Moi, je n'oubliais pas, loin de là... J'y pensais même de plus en plus. Au bout de deux semaines sans nouvelles, j'étais carrément inquiet.

Quand soudain, un mercredi matin, le téléphone a sonné. C'est moi qui ai décroché, comme si j'avais deviné ce qui allait arriver.

– Allô! Ici l'agence Triomphe. Il y a bien chez vous un garçon de 9 ans qui s'appelle Adrien Pigeon ?

Le souffle coupé, j'ai balbutié :

– C'est... c'est moi, oui...

– Bon, pour le film, c'est toi qui es choisi. Tu vas bientôt recevoir un courrier avec toutes les informations.

C'est moi ! Je suis choisi ! Je vais le faire ! J'ai embrassé mon père, ma mère, ma grande sœur, mon petit frère. Je ne touchais plus terre. J'ai passé des heures à me coiffer, à m'asperger d'eau de Cologne. Et, en me regardant de très près dans le miroir du salon, je me suis même trouvé une ressemblance avec Alain Delon.

5
Silence, on tourne

La veille du film, je n'ai pas fermé l'œil de la nuit. Je me voyais sur le mur de ma chambre comme sur un écran géant, en train de danser avec des chaussures vernies et un costume blanc...

Dès cinq heures du matin, j'étais fin prêt,

assis dans l'entrée. À six heures, enfin, on a sonné. Un grand gars à queue de cheval venait me chercher. J'ai embrassé mes parents dans leur lit. Et j'ai regretté que les voisins ne soient pas levés pour me voir monter dans la voiture marquée « Ciné Lumière » !

Une fille était au volant. Le grand gars est monté devant. Ils se sont mis à baragouiner en anglais, ou peut-être en hollandais. Ils riaient beaucoup. Ils se tapaient sur les genoux. Ils ne faisaient pas plus attention à moi qu'à un moustique collé au pare-brise.

La voiture a fini par passer la grille des « Studios du jour ». C'est immense, là-dedans ! On dirait une ville dans la ville. Il y a des camions qui circulent, des gens qui se bousculent. J'ai même vu une femme tenir en laisse un chimpanzé, à côté d'un homme qui portait un yaourt géant... Tout ça pour mon film ? Tout ça pour moi ?

Le grand gars m'a guidé jusqu'à une porte marquée « Studio G ». Là, il m'a montré un tabouret en disant :

– Toi, assis ici.

C'est la première et la dernière fois qu'il m'a parlé.

Autour de moi, une foule d'hommes en salopette bleue clouaient, sciaient, tiraient, poussaient, criaient…

J'ai attendu deux heures, sans que personne me demande quoi que ce soit.

Soudain, la dame du camion a surgi :

– Te voilà, toi ? Hop, au maquillage ! Et plus vite que ça !

Elle m'a conduit dans une cabine où deux grandes filles punk* m'attendaient. Elles m'ont ficelé dans une blouse rose, sur un fauteuil comme chez le dentiste. Puis elles se sont acharnées sur moi à coups de pinceaux, de pommades, de bigoudis, de fer à friser...

* C'est-à-dire habillées de façon extravagante.

La tête que j'avais quand je me suis relevé ! Un véritable épouvantail ! Ma peau avait viré à l'orange, mes yeux étaient cernés de violet, quant à mes cheveux, ils étaient tout frisottés, comme une perruque synthétique !

– Génial ! répétaient les filles, Helmut va adorer !

Je ne connaissais pas cet Helmut, mais moi, en tout cas, je me détestais ! Ensuite, un type s'est présenté :

– Hello, je suis le costumier !

Il a sorti d'une housse un truc en plumes multicolores. Je me suis senti devenir tout blanc :

– C'est… c'est pas pour moi ?

– Si ! Bien sûr ! Ça te plaît ?

Je n'ai pas réussi à répondre. J'étais cloué. J'ai dû enfiler ce costume à plumes ridicule, des chaussures palmées en caoutchouc mou, et une coiffe genre Indien détraqué. Je me sentais vraiment mal à l'aise. Je me disais « Pourvu que je ne rencontre personne que je connais… »

Pile au même moment, qui vois-je devant moi ? Juliette Lasemoule, bien plus belle que d'habitude dans un déguisement de squaw. Et à côté d'elle, il y avait l'effroyable Paul Murfe, qui me regardait en rigolant.

6
Le coup du cocotier

On m'a emmené auprès d'un barbu à lunettes noires, au milieu d'un décor de jungle très bizarre. Il m'a pris le bras :

– Je suis Helmut, le metteur en scène. Tu dois faire tout ce que je te dis. On va d'abord filmer la scène de dégustation. Ta partenaire,

Juliette, te fait goûter les pâtes, tu te régales, et tu dis le slogan : « Les Pâtacolors, j'adore ! » D'accord ? Allez, vas-y, petit !

Juliette m'attendait, un plat fumant entre les mains. Quelqu'un a claqué une ardoise et crié :

– Moteur. Pâtacolors. Première !

Aussitôt, projecteurs et caméras se sont braqués sur moi. J'étais à moitié aveuglé. Juliette m'a fourré dans la bouche une cuillerée de trucs bleus, jaunes, roses, violets. Beurk ! J'ai dû faire une grimace.

Helmut a hurlé :

– Coupez ! Attention, petit, tu dois sourire et surtout, prends l'air gourmand ! Ça a mauvais goût, c'est normal : c'est la graisse et les colorants qu'on met dedans pour que ce soit plus beau et brillant...

Difficile de prendre l'air gourmand pour avaler une mixture qui sent la poussière et l'huile de vidange !

J'ai fait ce que je pouvais. Mais Helmut n'était jamais content : un coup, je parlais trop vite, le coup d'après trop lentement, ou alors j'avais la bouche pleine, ou des bouts de nouilles entre les dents...

Dès que le plat était vide, un cuisinier le remplissait. En tout, je l'ai vidé huit fois. De l'autre côté de la caméra, tout le monde avait pitié de moi. Tout le monde... sauf Murfe, qui était assis sur un banc. Il se réjouissait au fur et à mesure que mon mal au cœur augmentait.

Le metteur en scène a fini par dire :

– C'est bon. On passe à la scène d'action.

Il était temps : une cuillerée de plus et j'explosais ! On m'a conduit devant un cocotier :

– Petit, tu grimpes tout en haut, puis tu attrapes une liane, et tu sautes en bas...

Je me suis agrippé au tronc. Mais ça glissait, cette saleté ! Le barbu criait :

– Allez ! Plus vite ! Plus souple ! Avance ! Recommence !

J’aurais bien voulu le voir grimper sur un cocotier avec des palmes en caoutchouc !

Autant essayer de dévisser un bouchon avec les mains pleines de savon. Sans compter les kilos de nouilles qui ballottaient dans mon estomac. Et la chaleur qu’il faisait sous ce costume à la noix. N’empêche que j’y suis arrivé.

J'étais assez fier de moi. De là-haut, je surplombais le décor, c'était beau.

Mais ce qui a tout gâché, c'est de voir Paul Murfe, cette punaise, se gondoler en faisant signe à Juliette que j'allais tomber... Subitement la colère m'est montée au nez. J'ai hurlé :

– Vos Pâtacolors, elles commencent à me fatiguer ! Moi, je vais tout laisser tomber. Vous demanderez au gars qui rigole sur le banc de prendre ma place ! Hein, Paul Murfe, tu vas sauter en bas, toi ?

Dans un silence de glace, un projecteur s'est tourné vers Murfe. Il a bafouillé :

– Qu… qui… qui… m… mm… moi ?

Puis il a disparu de son banc. Avec son courage habituel, il est parti se cacher !

Helmut a pris une voix gentille :

– Vas-y, Adrien, on n'attend que toi.

Je n'ai pas bougé. Finalement, c'est Juliette qui a parlé dans le porte-voix, d'un ton gêné :

– Adrien ! Tu as été super ! Vas-y ! Tu dois continuer !

C'est fou, le bien que ça m'a fait de les sentir tous paniqués à l'idée que je les laisse tomber. J'ai attrapé la liane, et zzziiip, en moins de deux, j'étais en bas.

Toute l'équipe m'a accueilli par des bravos et des hourras. J'aimais mieux ça !

7
Pigeon grande vedette

Le tournage s'est bien terminé. Sauf la crise de foie qui m'a cloué au lit pendant une semaine...

Mais quand je suis rentré à l'école, le jeudi d'après, quel succès ! Juliette avait raconté mes exploits à tous les copains !

Basile Noclard m'a demandé :

– C'est vrai que tu sautes mieux que les cascadeurs ?

Et Sidonie Cloud :

– Tu me signes un autographe ?

À la récréation, il y avait une telle bousculade pour le concours « Les forts en pub » que j'avais besoin d'une assistante pour m'aider. Bien sûr, Juliette a accepté : nous avons mis les

notes ensemble. Tous les copains ont joué leur pub. Seul, Paul Murfe est resté dans son coin. À la fin, on a décidé de lui parler :

– Allez, Murfe ! Fais-nous une pub ! On ne va pas te manger.

Il a fait une pub sur une banque, assez ratée. Mais on lui a quand même mis la moyenne. Il faut encourager les débutants, non ?

J'AIME LIRE

Les premiers romans à dévorer tout seul

Se faire peur et frissonner de plaisir **Rire et sourire avec**

des personnages insolites **Réfléchir et comprendre la vie de**

tous les jours **Se lancer dans des aventures pleines de**

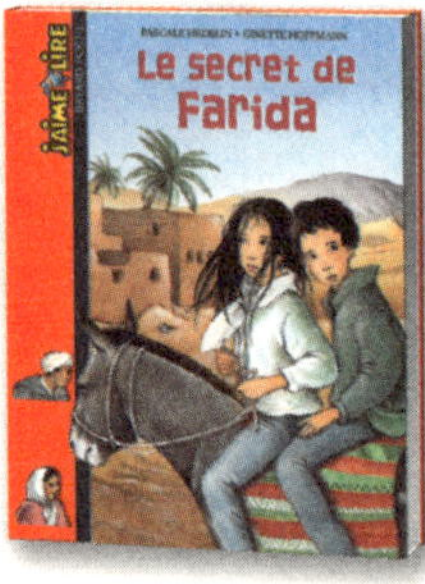

rebondissements **Rêver et voyager dans des univers fabuleux**

Princesse Zélina

Plonge-toi dans les aventures de Zélina,
la princesse espiègle du royaume de Noordévie.

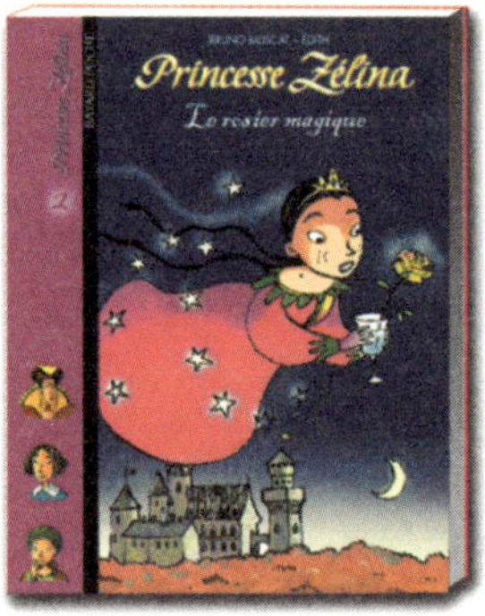

Découvre les plans diaboliques de sa belle-mère qui voudrait l'écarter du trône… et fais la connaissance du beau prince Malik, un précieux allié pour Zélina.

Retrouve Zélina dans *Astrapi*, le grand rendez-vous des 7-11 ans.

Tous les 15 jours chez ton marchand de journaux ou par abonnement.

Maudit Manoir

Dans le manoir de Mortelune vit une bande de monstres affreux, méchants et bagarreurs : tu vas les adorer !

Retrouve les héros de Maudit Manoir dans le magazine *Astrapi.*

Achevé d'imprimer en juin 2003 par Oberthur Graphique
35 000 RENNES – N° Impression : 5093
Imprimé en France